VENTE

Du Jeudi 1er Juillet 1909

HOTEL DROUOT, SALLE N° 1

à 2 heures

OBJETS D'ART

ET

D'AMEUBLEMENT

BRONZES

MEUBLES ANCIENS

ET MODERNES

Sièges recouverts d'ancienne tapisserie

TAPIS D'AUBUSSON & D'ORIENT

COMMISSAIRE-PRISEUR

M° E. ORIGET

EXPERTS

MM. BLÉE & ROUGEYRON

CATALOGUE

DES

OBJETS D'ART & D'AMEUBLEMENT

TABLEAUX ANCIENS ET MODERNES

GRAVURES

LIVRES

FAIENCES — PORCELAINES

Plats de Bernard Palissy ou de sa suite

OBJETS DE VITRINE

BRONZES - SCULPTURES

MEUBLES ANCIENS ET MODERNES

Chambres à coucher, Coiffeuse-Psyché,
Commodes, Console, Vitrines, Bibliothèques, etc.

SIÈGES ANCIENS

Recouverts d'ancienne tapisserie d'Aubusson

MOBILIER DE SALON

TAPIS — TAPISSERIE

DONT LA VENTE AUX ENCHÈRES PUBLIQUES AURA LIEU

HOTEL DROUOT, SALLE N° 1

LE JEUDI 1er JUILLET 1909

A DEUX HEURES

Me E. ORIGET	MM. R. BLÉE & ROUGEYRON
COMMISSAIRE-PRISEUR	EXPERTS
3, boul. de Sébastopol	34, rue de la Victoire

EXPOSITION PUBLIQUE

Le Mercredi 30 Juin 1909, de deux heures à six heures

CONDITIONS DE LA VENTE

Elle aura lieu au comptant.

Les adjudicataires paieront *dix pour cent* en sus des enchères.

L'exposition publique permettant aux acheteurs de se rendre compte de l'état et de la nature des objets, *aucune réclamation*, pour quelque cause que ce soit, ne sera admise une fois l'adjudication prononcée.

Paris. — Imp. de l'Art, Ch. Berger, 41, rue de la Victoire.

DÉSIGNATION

TABLEAUX
DESSINS, GRAVURES

BERTRAND (E.)

1 — *Les Gorges à el Kantara.*

DELPY (H.-C.)

2 — *Paysage au clair de lune.*

COROT (?)

3 — *Vue d'Italie.*

JOLY

4 — *Paysages.*

FURT (M.)

5 — *Paysage.*

FURT (M.)

6 — *Marine. Marée montante.*

TROUILLEBERT

7 — *La Route, paysage.*

VERBOKŒVEN (?)

8 — *Moutons.*

ÉCOLE FRANÇAISE (xviie siècle)

9 — *La Vierge et l'Enfant.*

ÉCOLE FRANÇAISE

10 — *Paysage.*

ÉCOLE FRANÇAISE

11 — Panneau décoratif : *Paysage.*

ÉCOLE FRANÇAISE

12 — *Hercule et Omphale.*

ÉCOLE FRANÇAISE

13 — *Scène de genre.*

ÉCOLE FRANÇAISE

14 — *Marine.*

ÉCOLE FRANÇAISE

15 — *Portrait de Femme en corsage bleu.*

ÉCOLE FRANÇAISE

16 — *Portrait de Femme.*

ÉCOLE FRANÇAISE

17 — *Portrait d'Homme.*

ÉCOLE FRANÇAISE

18 — *Paysage avec chute d'eau.*

Gouache. Fin XVIIIe siècle.

ÉCOLE FLAMANDE

19 — *L'Adoration des rois.*

Importante composition.
Panneau.

20 — *Vue de Venise.*

Toile.

21 — *Jeune Femme et sorcière.*

Cadre en bois sculpté.

CARRIER-BELLEUSE (A.)

22 — Deux dessins à la sanguine.

ROBIDA

23 — *Vues de Paris.*

Deux dessins à la mine de plomb.

SOMM (H.)

24 — *Parisienne.*

25 — *The Resurrection of à Pions Family.*

> Gravure en couleurs, d'après Peters, par Bartholozzi. Encadrée.

26 — *L'Après-dînée.*

— *Le Jeu de cache-cache.*

> Deux gravures anciennes, d'après Lancret, par Larmessin.
> Baguette. Époque Louis XVI.

VERNET (Carle)

27 — *Mameluck en embuscade.*

> Attribué à Hubert Rorert.

28 — *Ruines avec personnages au premier plan.*

> Dessin à la plume, rehaussé d'aquarelle.

29 — *L'Été et l'Hiver.*

> Deux gravures en noir.

30 — Suite de quatre gravures encadrées.

LIVRES

31 — Nombreux ouvrages sur la littérature et sur les Beaux-Arts. (Sera divisé.)

OBJETS DE VITRINE

32 — Douze miniatures : Portraits des grands peintres.

33 — Miniature : Portrait de femme.

34 — Porte-carte souvenir, orné d'un émail au centre.

35 — Boîte, décorée d'un sujet : Ballon, au vernis Martin.

36 — Boîte, décorée d'une vue d'un port de mer, à la gouache.

37 — Etui en ivoire cerclé d'or, décoré au vernis Martin.

38 — Montre en cuivre, ornée d'un émail peint.

39 — Plaque en émail peint : Icare.

40 — Boîte en galuchat, ornée d'un portrait de femme.

41 — Christ en ivoire sculpté sur croix en bois.

42 — Bas-relief en ivoire sculpté, représentant une scène de l'antiquité. Style Louis XIV.

43 — Corne de bœuf, montée en argent ciselé.

44 — Christ en ivoire sculpté. XVIIe siècle.

45 — Statuette en ivoire : Saint Nicolas.

46 — Sous ce numéro : objets de vitrine, vases, etc. (Sera divisé.)

FAIENCES, PORCELAINE

TERRES CUITES, GRÈS

47 — Plat ovale, présentant, au fond, une bacchante et un faune assis dans un paysage ; marli orné de quatre figures de faune et de bacchante, entourées de feuilles de vigne, de grappes de raisins et de quatre enfants tenant des instruments de musique, sur fond bleu granité. Plat de *Bernard Palissy ou de sa suite.*

48 — Plat rond, décoré, au fond, d'une scène représentant une bacchante faisant danser un jeune faune ; marli décoré de jeux d'enfants et de mascarons, sur fond marbre brun. **Plat de** *Bernard Palissy ou de sa suite.*

49 — Dieu Pou-taï en grès chinois.

50 — Statuette de poète en terre. Travail japonais.

51 — Buste de Marie-Antoinette en biscuit.

52 — Deux vases Médicis en porcelaine de Sèvres, à fond bleu fouetté, décor de feuilles dorées de vigne vierge.

53 — Vase ovoïde en porcelaine de Sèvres bleu de roi.

54 — Deux vases-pitongs en bambou sculpté.

55 — Deux coupes en porcelaine de Chine, fleurs ; deux socles en bois dur.

56 — Groupe en terre cuite : Moïse sauvé des eaux, d'après Pradier.

57 — Statuette de berger en terre cuite patinée, de Madrissé.

58 — Statuette d'amour en biscuit.

59 — Groupe en terre cuite : Soins maternels, de F. Faivre.

60 — Tigre en terre émaillée, de Dalpeyrat.

61 — Deux vases en grès, décor fleuri, de Dalpeyrat.

62 — Vase en grès, orné de deux figures de femme, de Legrand.

63 — Statuette de Chinois, assis, en grès émaillé.

64 — Buste de Marie-Antoinette en biscuit de Sèvres.

65 — Vase en porcelaine à la Reine, décor de bouquets de roses, bluets, etc.

66 — Un lot de vases et objets de vitrine, buste de Diderot en albâtre, etc. (Sera divisé.)

67 — Fontaine en faïence décorée.

68 — Une potiche en ancienne porcelaine de Chine. Époque de Ming. Réparée.

69 — Deux verres de Venise.

70 — Un lot de Damas.

71 — Six statuettes de divinités : personnages chinois ou indiens. Grès, porcelaine, etc. (Sera divisé.)

72 — Groupe de trois personnages : la Toilette. Porcelaine.

73 — Groupe : la Cueillette des pommes. Porcelaine de Saxe.

74 — Groupe : Bacchant et Bacchantes. Porcelaine blanche de Naples.

75 — Sous ce numéro : statuettes, tasses, soucoupes, coupes, vases, etc. (Sera divisé.)

BRONZES

76 — Garniture de cheminée, comprenant une pendule en marbre vert, surmontée d'un sujet : Bacchanale, en bronze patiné, par E. Chœnewerk, et deux candélabres, formés chacun de deux femmes, en bronze patiné, soutenant un vase, d'où s'échappe le porte-lumière, en bronze ciselé et doré. Socle en marbre vert cannelé, ornements en bronze doré. *Maison Delafontaine.*

77 — Pendule d'applique, décorée au vernis de fleurs sur fond vert, ornements en cuivre repoussé et bronze ciselé. Époque Louis XVI.

78 — Statuette en bronze : Libellule, de MATH. MO-
REAU.

79 — Statue en bronze : l'Amour guidé, par DUCHE-
MIN.

80 — Lévrier, de FRATIN, en bronze patiné.

81 — Statuette de Balzac en bronze, par FALGUIÈRE,
cire perdue.

82 — Statuette de Laurent de Médicis. *Édition
Barbedienne.*

83 — Paire de chenets à draperie en bronze ciselé.
Époque Louis XVI.

84 — Deux lampes en porcelaine bleue, montures
en bronze ciselé. Style Louis XVI.

85 — Paire de flambeaux en cuivre argenté. Époque
Louis XV.

86 — Deux mortiers, avec leur pilon, en bronze.
Époque Renaissance.

87 — Deux petites étagères en bois laqué. Travail
japonais.

88 — Paire de flambeaux en faïence et paire de
flambeaux en cuivre.

89 — Deux vases en porcelaine, décor fleuri bleu.

90 — Vase en faïence Satzuma, autre vase en porcelaine blanche, décor de roses.

91 — Lustre en bronze ciselé, orné de cristaux.
Deux appliques de même modèle.

92 — Deux chenets en cuivre. Époque Louis XIV.

93 — Plaquette en bronze ciselé, par KOTZ.

94 — Plaquette en bronze, à sujet religieux.

94 *bis* — Deux appliques en bronze ciselé, à bouquet et rubans. Style Louis XVI.

95 — Cinq flambeaux à balustre. Époque Louis XV.
— Deux flambeaux en cuivre ciselé. Époque
Louis XVI. — Deux chenets, galerie en bronze.
Fin Louis XVI.

96 — Pelle et pincette en fer surmontée d'un buste
en cuivre de Jupiter.

97 Deux petits flambeaux en cuivre.

98 — Cache-pot, à décor fleuri, en cuivre repoussé.

99 — Deux pistolets incrustés d'or.

100 — Lot de lances, hallebardes, etc.

MOBILIER

101 — Beau lit de milieu en acajou ciré et finement
sculpté d'entrelacs et de rinceaux, et fronton à
corne d'abondance. Style Louis XVI.

102 — Belle armoire à glace, ouvrant à trois portes
en acajou ciré et sculpté d'entrelacs et de rinceaux, et d'un fronton à amours. Style Louis XVI.
Allant avec le précédent numéro.

103 — Table verre d'eau en acajou finement sculpté
et orné de bronzes ciselés et dorés.

104 — Belle coiffeuse à huit pieds et cinq tiroirs en
acajou finement sculpté de motifs fleuris et de
rinceaux. Style Louis XVI.

105 — Chaise en acajou ciré et finement sculpté.
Style Louis XVI.

106 — Petit paravent à trois feuilles en acajou ciré
finement sculpté de guirlandes de fleurs, raies
de cœur et d'oiseaux, feuilles en tapisserie aux
petits points de soie.

107 — Psyché en bois de violette et bronzes ciselés
et dorés. Style Louis XV.

108 — Ameublement de chambre à coucher, comprenant une armoire à glace, ouvrant à deux portes, un lit de milieu, un sommier, une table de nuit, en acajou ciré, orné de bronzes ciselés. Style Louis XVI.

109 — Chiffonnier à six tiroirs en acajou, à colonnes cannelées. Style Louis XVI.

110 — Guéridon rond en acajou et filets de cuivre. Dessus en marbre blanc à galerie.

111 — Table à jeu en acajou, à pieds cannelés. Style Louis XVI.

112 — Console à croisillon en bois sculpté et doré. Époque Louis XV.

113 — Table à croisillon en bois tourné, gravé et marqueté.

114 — Petite table-bureau. Époque Louis XV.

115 — Tabouret, recouvert de tapisserie d'Aubusson. Époque Louis XVI.

116 — Commode, à trois tiroirs superposés, en noyer sculpté, poignées et entrées de serrures en cuivre ciselé. Époque Louis XV.

117 — Encoignure, ouvrant à deux portes, en chêne sculpté. Style Louis XVI.

118 — Commode en bois de placage, poignées et entrées de serrure en cuivre ciselé. xviie siècle, flamand.

119 — Autre commode en bois de placage, ouvrant à trois tiroirs, ornements et poignées en bronze ciselé et doré. Marbre veiné rouge. Époque Louis XV.

120 — Commode en bois de placage, ouvrant à deux tiroirs, ornements, poignées, etc., en bronze ciselé et doré. Dessus en marbre rouge. xviiie siècle.

121 — Deux meubles-bibliothèques, à deux portes, en acajou et cuivre. Style Louis XVI.

122 — Petit bureau en acajou et cuivre. Style Louis XVI.

123 — Meuble, ouvrant à deux portes et surmonté d'une petite vitrine, en acajou et filets de cuivre. Style Louis XVI, anglais.

124 — Vitrine formant meuble d'entre-deux, ouvrant à une porte, en bois noir, ornements en bronze ciselé et doré. Dessus en marbre blanc. Style Louis XIV.

125 — Vitrine demi-ronde en acajou et cuivre.

126 — Bureau à dos d'âne en noyer.

127 — Table à quatre pieds à croisillon. Style Louis XIII.

128 — Meuble-étagère surmonté d'un cadre de glace, bois sculpté gravé et incrusté d'os et parties ajourées en bois tourné et assemblé. Travail algérien.

129 — Bahut et encoignure ouvrant chacun à deux portes et étagères. Travail analogue au précédent numéro.

130 — Table à thé. Analogue aux précédents numéros.

131 — Table rectangulaire à barre d'entre-jambe. Analogue aux précédents numéros.

132 — Deux fauteuils et six chaises. Analogues aux précédents numéros.

133 — Deux tables-guéridons. Travail analogue aux précédents numéros.

134 — Porte-parapluie. Travail analogue aux précédents numéros.

135 — Buffet à crédence en chêne sculpté.

136 — Servante à dessus de marbre rouge en noyer sculpté.

137 — Six chaises en chêne, cannées.

138 — Fauteuil en noyer sculpté.

139 — Buffet à crédence en noyer sculpté. Style Henri II.

140 — Quatre sellettes et colonnes en bois teint.

141 — Guéridon rond en acajou.

142 — Deux armoires à gravures.

143 — Bureau à double face en chêne sculpté, à colonnes engagées.

144 — Modèle de petite commode en marqueterie de bois. Style Louis XV.

145 — Modèle de bureau à cylindre en noyer. Style Louis XVI.

146 — Sous ce numéro : meubles divers non catalogués. (Sera divisé.)

SIÈGES EN TAPISSERIE

SOIERIES ET AUTRES

147 — Quatre fauteuils, recouverts en ancienne tapisserie d'Aubusson, représentant des fables de Florian dans des médaillons sur fond blanc et sous des draperies enguirlandées. Époque Louis XVI. Bois sculpté, à pieds cannelés peints en noir rehaussés d'or.

148 — Écran en ancienne tapisserie d'Aubusson, orné d'un médaillon central à petit personnage sous des rinceaux fleuris sur fond crème à croisillon. Époque Louis XVI. Bois noir et or.

149 — Deux chaises, ornées de deux médaillons d'ancienne tapisserie d'Aubusson à petits personnages. Bois, de style Louis XVI.

150 — Mobilier de salon, comprenant un canapé, deux fauteuils et quatre chaises en bois peint blanc rechampi d'or, recouvert de damas décoré à fleurs sur fond jaune. Style Louis XVI.

151 — Canapé et trois fauteuils en noyer sculpté, recouverts de tapisserie aux points. Style Louis XVI.

152 — Petite chaise formant coffre en noyer sculpté. Style Louis XIII.

153 — Six chaises-escabeaux en noyer sculpté.

154 — Canapé, deux fauteuils et deux chaises. Genre oriental.

154 *bis* — Bergère en noyer sculpté, de l'époque Louis XVI.

155 — Fauteuil, genre anglais, recouvert de peau teintée rouge.

156 — Chaise en noyer sculpté, à pieds cannelés. Style Louis XIII.

TAPIS, TAPISSERIE

157 — Grand tapis d'Aubusson, à bouquet central,
sur fond clair, et entourage à fleurs, sur fond
grenat.

158 — Tapis persan, dessin à palmettes, sur fond
havane.

159 — Tapis Koula, à médaillon central, sur fond
rouge. Encadrement à décor varié.

160 — Tapis de prière persan.

161 — Tapis de prière persan.

162 — Tapis de prière persan.

163 — Tapis chemin d'Orient.

164 — Panneau de tapisserie à personnages.

165 — Lot de morceaux de tapisserie.

166 — Deux bâts de mulets en tapisserie.

167 — Objets omis.